My Matilda Word Book

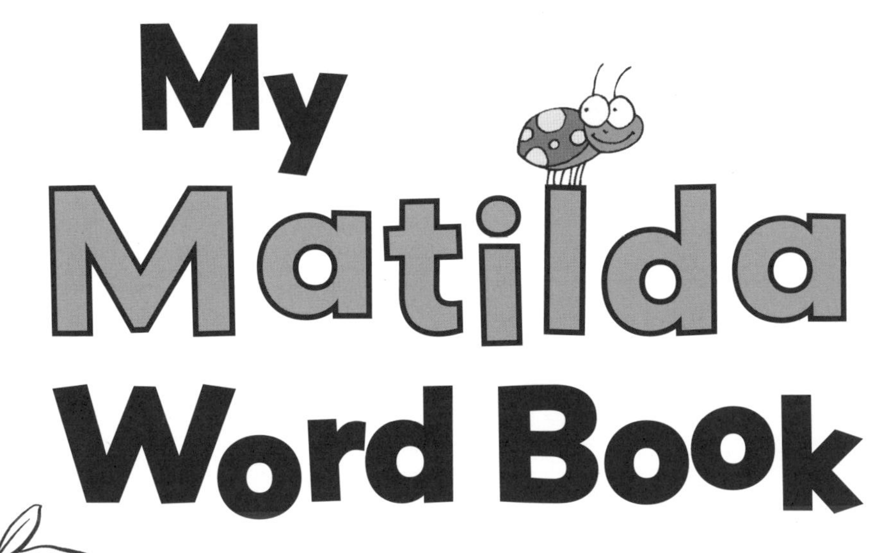

Name

Draw a picture of yourself.

Gurumba bigi!

"Gurumba bigi" means "hello" in the Yugara Language.

A B C D E F G H I J K L M N O P Q R S T U V W X Y Z

Words I Know

A

B C D E F G H I J K L M N O P Q R S T U V W X Y Z

ā A

alligator

adding

apples

1 2 3 4

a	any	
Aboriginal	are	
about	as	
add	ask	
after	at	
again	aunty	
all	Australia	
an		
and		
animal		

A
B
C
D
E
F
G
H
I
J
K
L
M
N
O
P
Q
R
S
T
U
V
W
X
Y
Z

A
B
C
D
E
F
G
H
I
J
K
L
M
N
O
P
Q
R
S
T
U
V
W
X
Y
Z

b B

bear

bouncing

bed

ball	box	
be	boy	
because	bunyip	
been	bush	
before	but	
big	buy	
billabong	by	
birthday	bye	
book		
bounce		

A
B
C
D
E
F
G
H
I
J
K
L
M
N
O
P
Q
R
S
T
U
V
W
X
Y
Z

c C

cutting

cat

cake

call

came

can

can't

car

colour

come

cut

A B **C** D E F G H I J K L M N O P Q R S T U V W X Y Z

ch

chomping

children

chocolate

chair

chomp

A
B
C
D
E
F
G
H
I
J
K
L
M
N
O
P
Q
R
S
T
U
V
W
X
Y
Z

d D

dragon
dinosaur
dancing

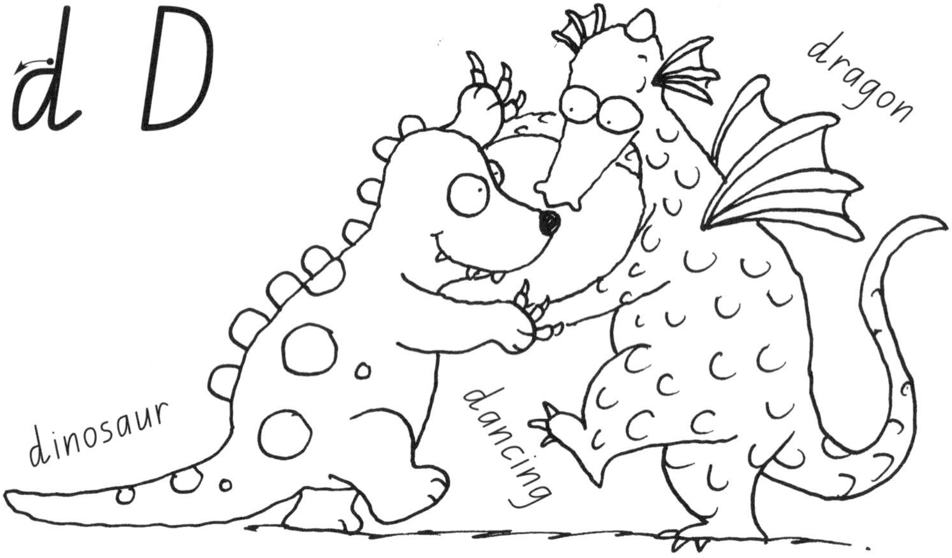

dad

dance

day

desert

did

do

don't

down

draw

A
B
C
D
E
F
G
H
I
J
K
L
M
N
O
P
Q
R
S
T
U
V
W
X
Y
Z

A
B
C
D
E
F
G
H
I
J
K
L
M
N
O
P
Q
R
S
T
U
V
W
X
Y
Z

e E

elephant

echidna

exercising

eat

Elder

end

every

exercise

A
B
C
D
E
F
G
H
I
J
K
L
M
N
O
P
Q
R
S
T
U
V
W
X
Y
Z

A
B
C
D
E
F
G
H
I
J
K
L
M
N
O
P
Q
R
S
T
U
V
W
X
Y
Z

f F

fairy

flying

frog

father

First Nations

fly

for

friend

from

A
B
C
D
E
F
G
H
I
J
K
L
M
N
O
P
Q
R
S
T
U
V
W
X
Y
Z

A B C D E F G H I J K L M N O P Q R S T U V W X Y Z

g G

giraffe

gift

giving

get

give

go

going

good

got

A
B
C
D
E
F
G
H
I
J
K
L
M
N
O
P
Q
R
S
T
U
V
W
X
Y
Z

A B C D E F G **H** I J K L M N O P Q R S T U V W X Y Z

h H

horse

hopping

hat

had	house	
has	how	
have		
he		
her		
here		
him		
his		
home		
hop		

A
B
C
D
E
F
G
H
I
J
K
L
M
N
O
P
Q
R
S
T
U
V
W
X
Y
Z

A
B
C
D
E
F
G
H
I
J
K
L
M
N
O
P
Q
R
S
T
U
V
W
X
Y
Z

i I

iguana

igloo

ice-skating

I

ice-skate

if

in

is

it

A
B
C
D
E
F
G
H
I
J
K
L
M
N
O
P
Q
R
S
T
U
V
W
X
Y
Z

j J

jelly beans

juggling

jellyfish

jam

juggle

jump

just

A
B
C
D
E
F
G
H
I
J
K
L
M
N
O
P
Q
R
S
T
U
V
W
X
Y
Z

A B C D E F G H I J **K** L M N O P Q R S T U V W X Y Z

k K

kitten

kangaroo

kissing

keep

kind

kiss

know

A
B
C
D
E
F
G
H
I
J
K
L
M
N
O
P
Q
R
S
T
U
V
W
X
Y
Z

A
B
C
D
E
F
G
H
I
J
K
L
M
N
O
P
Q
R
S
T
U
V
W
X
Y
Z

l L

lion

lifting

lizard

lake

last

left

lift

like

little

live

look

A B C D E F G H I J K L M N O P Q R S T U V W X Y Z

A
B
C
D
E
F
G
H
I
J
K
L
M
N
O
P
Q
R
S
T
U
V
W
X
Y
Z

m M

monster

meeting

mum

make

me

meet

mermaid

mob

mother

my

A
B
C
D
E
F
G
H
I
J
K
L
M
N
O
P
Q
R
S
T
U
V
W
X
Y
Z

A B C D E F G H I J K L M N O P Q R S T U V W X Y Z

n N

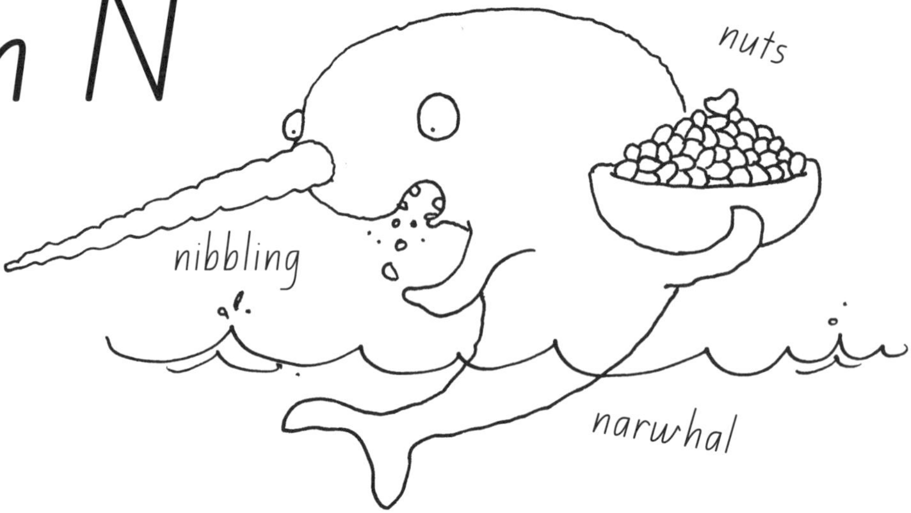

nuts

nibbling

narwhal

name

new

nibble

no

not

now

A
B
C
D
E
F
G
H
I
J
K
L
M
N
O
P
Q
R
S
T
U
V
W
X
Y
Z

A B C D E F G H I J K L M N **O** P Q R S T U V W X Y Z

o O

octopus

operating

owl

of

off

old

on

one

operate

or

our

out

over

A
B
C
D
E
F
G
H
I
J
K
L
M
N
O
P
Q
R
S
T
U
V
W
X
Y
Z

A
B
C
D
E
F
G
H
I
J
K
L
M
N
O
P
Q
R
S
T
U
V
W
X
Y
Z

p P

pears

picking

pig

pick

play

please

present

A
B
C
D
E
F
G
H
I
J
K
L
M
N
O
P
Q
R
S
T
U
V
W
X
Y
Z

A B C D E F G H I J K L M N O P Q R S T U V W X Y Z

q Q

quilting

queens

queue

quick

quiet

quilt

A
B
C
D
E
F
G
H
I
J
K
L
M
N
O
P
Q
R
S
T
U
V
W
X
Y
Z

A
B
C
D
E
F
G
H
I
J
K
L
M
N
O
P
Q
R
S
T
U
V
W
X
Y
Z

r R

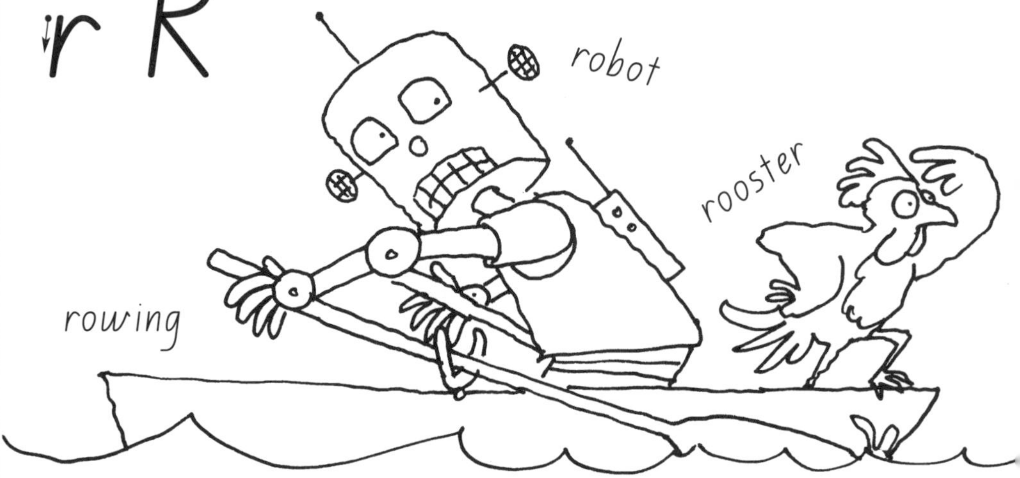

robot

rooster

rowing

ran

read

red

right

row

run

A
B
C
D
E
F
G
H
I
J
K
L
M
N
O
P
Q
R
S
T
U
V
W
X
Y
Z

A B C D E F G H I J K L M N O P Q R **S** T U V W X Y Z

s S

snake

sitting

sink

said	stop	
saw		
say		
school		
see		
sit		
sleigh		
so		
some		
stomp		

sh

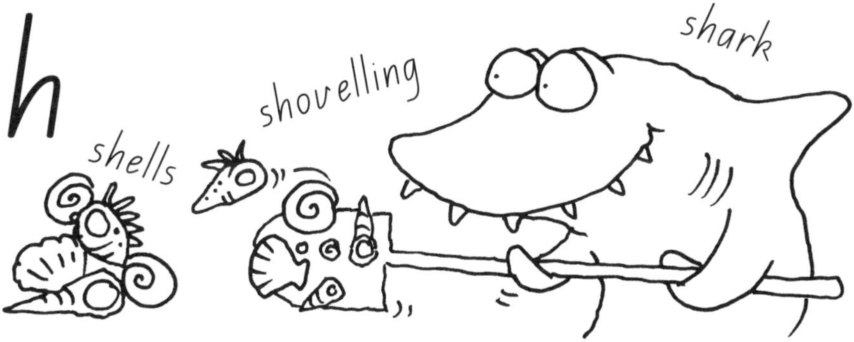

shells

shovelling

shark

she

show

A
B
C
D
E
F
G
H
I
J
K
L
M
N
O
P
Q
R
S
T
U
V
W
X
Y
Z

t T

tiger

tumbling

tutu

take

tell

ten

to

today

tumble

th

thinking

throne

thongs

thank
that
the
their
them
then
there
these
they
think
this
those

A
B
C
D
E
F
G
H
I
J
K
L
M
N
O
P
Q
R
S
T
U
V
W
X
Y
Z

u U

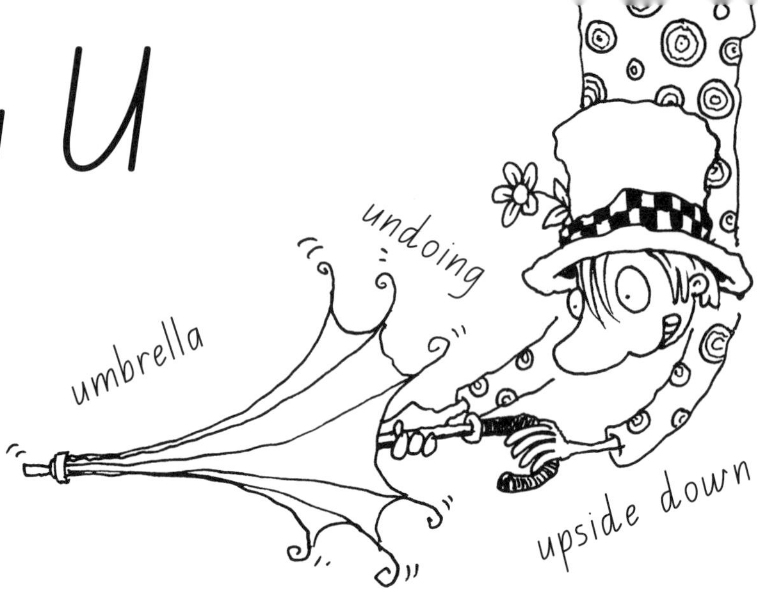

umbrella

undoing

upside down

uncle

under

undo

up

us

A
B
C
D
E
F
G
H
I
J
K
L
M
N
O
P
Q
R
S
T
U
V
W
X
Y
Z

A B C D E F G H I J K L M N O P Q R S T U **V** W X Y Z

v V

vultures

vet

visiting

vampire

van

vanish

very

visit

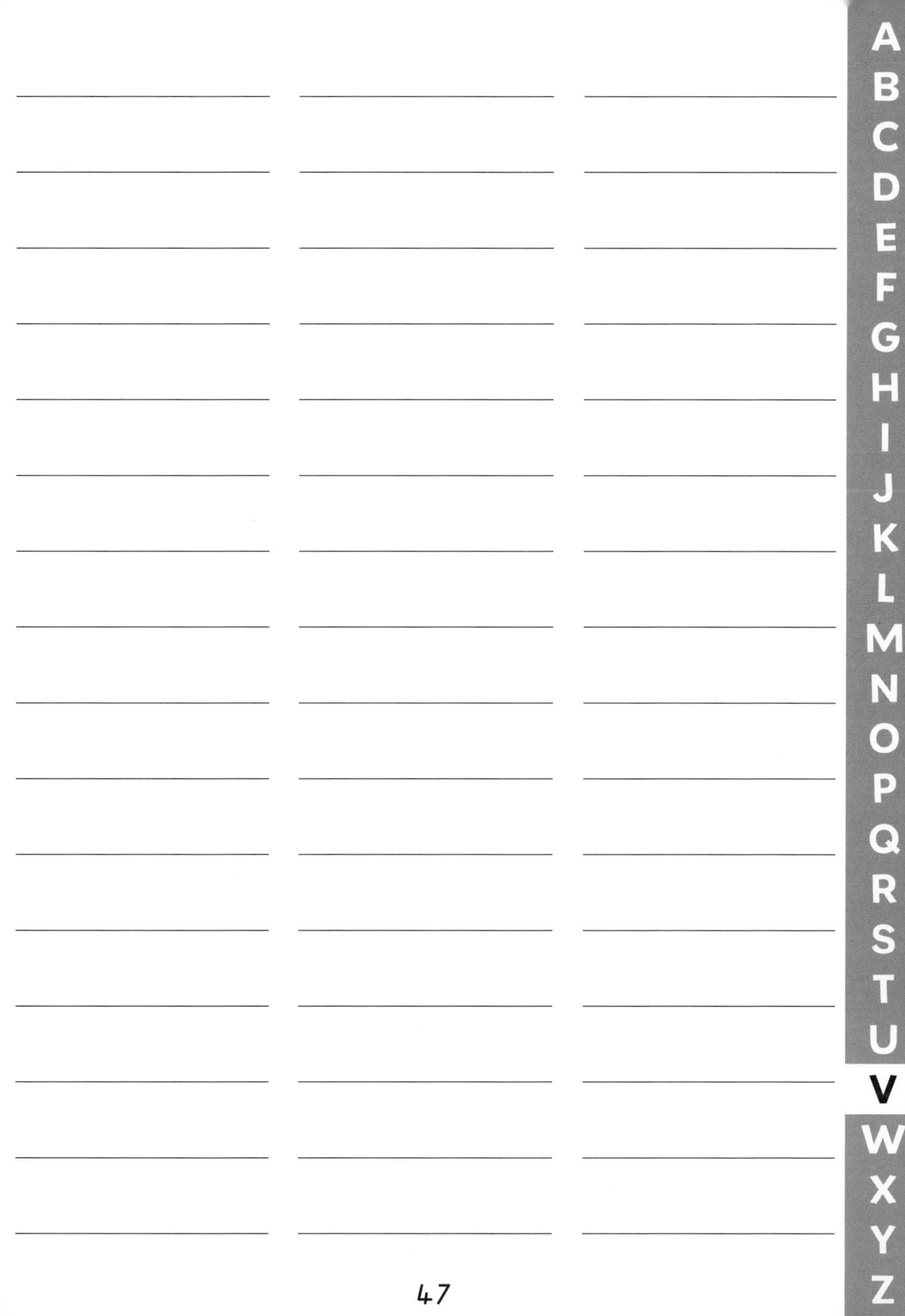

A B C D E F G H I J K L M N O P Q R S T U V **W** X Y Z

w W

wombat

worm

walking

walk with

want

warm

was

we

weigh

went

were

will

wish

wh

whistling

whale

wheelbarrow

what

when

where

whistle

who

A B C D E F G H I J K L M N O P Q R S T U V W X Y Z

x X

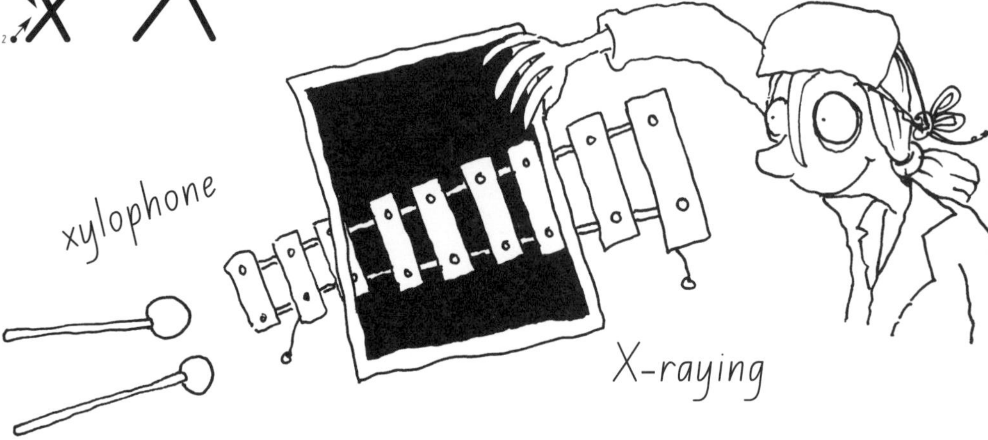

xylophone

X-raying

X-ray

yaw n

yes

you

your

A B C D E F G H I J K L M N O P Q R S T U V W X Y Z

A
B
C
D
E
F
G
H
I
J
K
L
M
N
O
P
Q
R
S
T
U
V
W
X
Y
Z

z Z

zebra

zigzagging

zigzag

zoo

Food

apple

bread

cake

cheese

chips

chocolate

egg

hamburger

ice-cream

jelly

midyim berry

milk

noodles

pizza

sandwich

spaghetti

strawberry

Colours

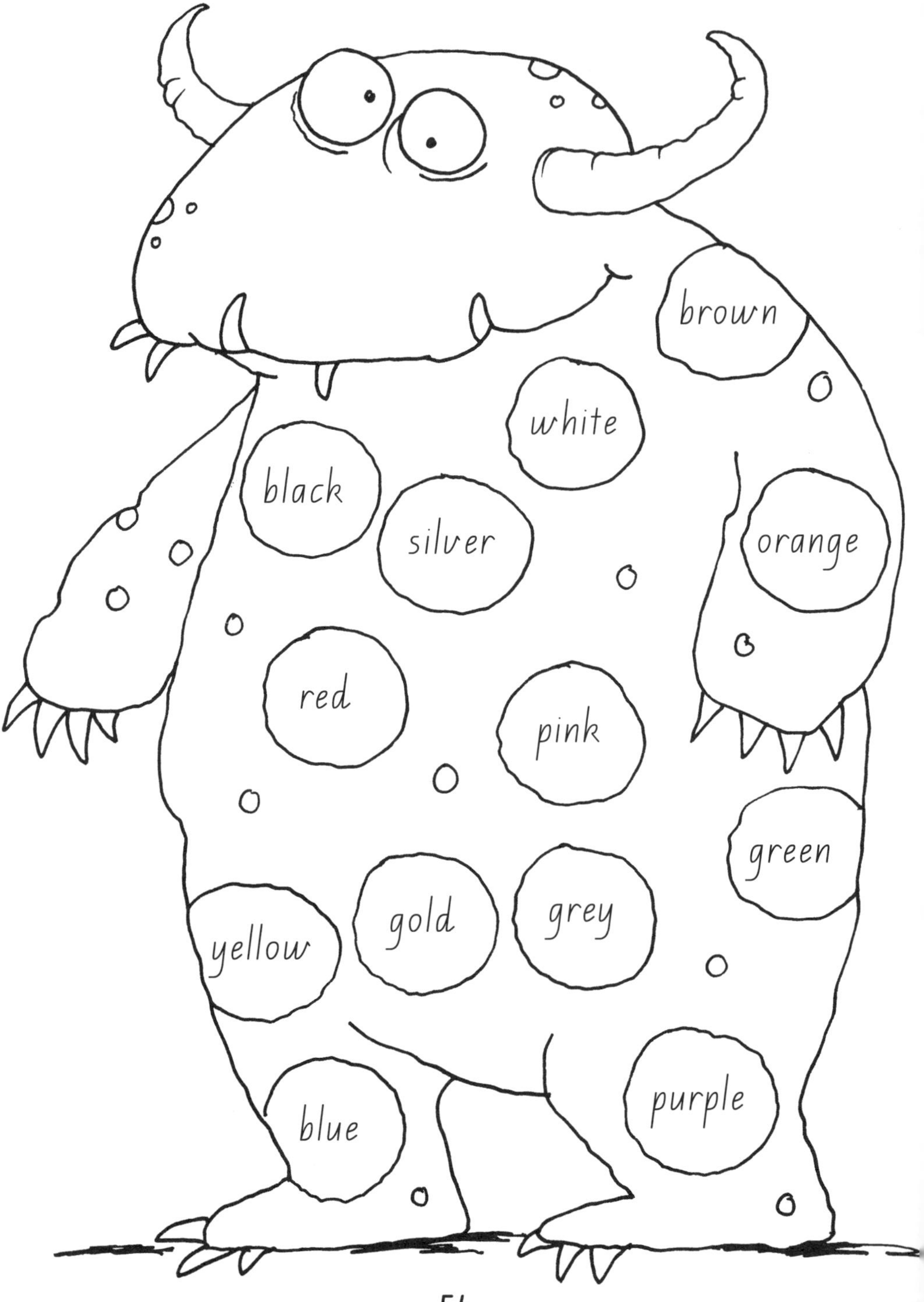

brown

white

black

silver

orange

red

pink

green

yellow

gold

grey

blue

purple

Days

Sunday Monday
Tuesday Wednesday
Thursday Friday Saturday

Sun	Mon	Tues	Wed	Thur	Fri	Sat

Months

January February March April May June July

August September October November December

Time

hour
minute
second
o'clock
half past
quarter past
quarter to

day
week
weekend
month
year

Yirrganydji Seasonal Calendar

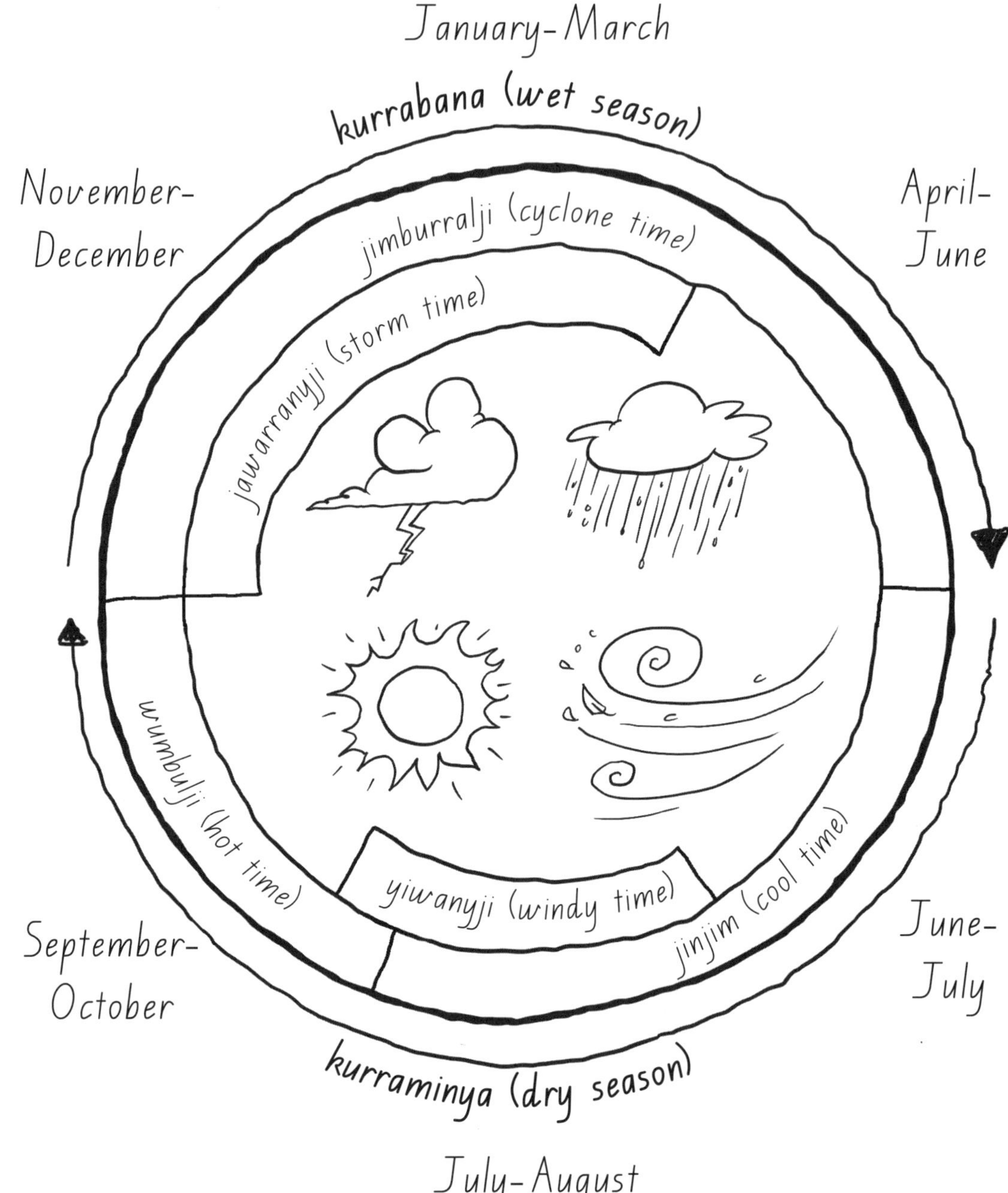

Seasons

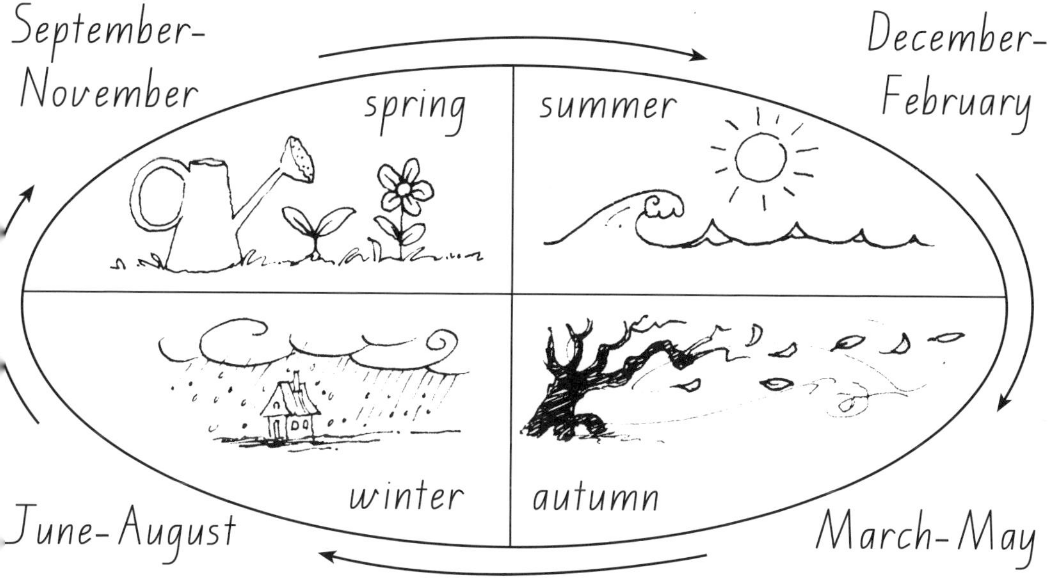

September-November — spring

December-February — summer

March-May — autumn

June-August — winter

Weather

cloudy
cold
cool
cyclone
dry
fine
fire
freezing
hail
hot
humid
lightning
rain
snow
storm
sun
thunder
warm
wet
windy

Numbers

1	one
2	two
3	three
4	four
5	five
6	six
7	seven
8	eight
9	nine
10	ten
11	eleven
12	twelve
13	thirteen
14	fourteen
15	fifteen

1st	first
2nd	second
3rd	third
4th	fourth
5th	fifth
6th	sixth

16	sixteen
17	seventeen
18	eighteen
19	nineteen
20	twenty
30	thirty
40	forty
50	fifty
60	sixty
70	seventy
80	eighty
90	ninety
100	one hundred
1 000	one thousand
1 000 000	one million

Shapes

circle diamond hexagon octagon oval

pentagon rectangle square triangle

Parts of the Body

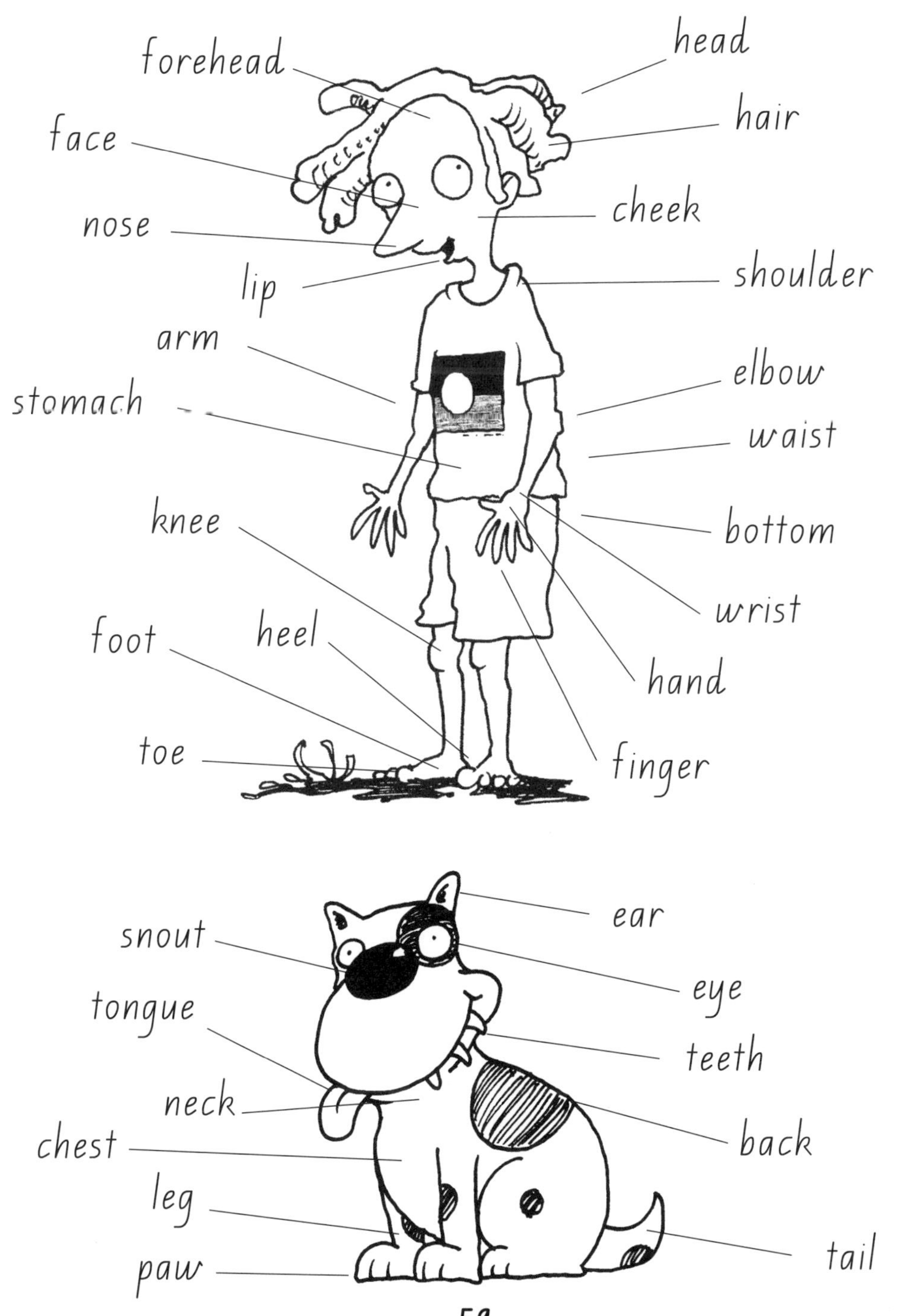

Feelings

I feel . . .

angry

crazy

cross

deadly

funny

glad

happy

lonely

sad

scared

shy

sorry

surprised

tired

worried

Family Words

mandana (Gunggari Language word for 'family')

People in the Community

artist

baker

builder

dentist

doctor

Elder

farmer

firefighter

gardener

librarian

nurse

pilot

police officer

scientist

teacher

veterinarian

Farmyard Animals

bellow
bull

cheep
chicken

moo
cow

quack
duck

cluck
hen

neigh
horse

snort
pig

baa
sheep

Pets

Australian Land Animals
bilby
cassowary
dingo
echidna
emu
goanna
kangaroo
koala
kookaburra
numbat
possum
quokka
quoll
snake
wallaby
wombat
Australian Water Animals
crocodile
dolphin
dugong
frog
penguin
platypus
shark
turtle
whale

Zoo Animals

ape
bear
elephant
giraffe
hippopotamus
lion
meerkat
monkey
tiger
zebra

Insects

ant
bee
beetle
butterfly
cockroach
cricket
fly
grasshopper

Places I Go

I went to the . . .

airport	fair	museum	river
aquarium	farm	park	shop
beach	forest	party	wharf
city	hospital	restaurant	zoo
dentist	library		
doctor	movies		

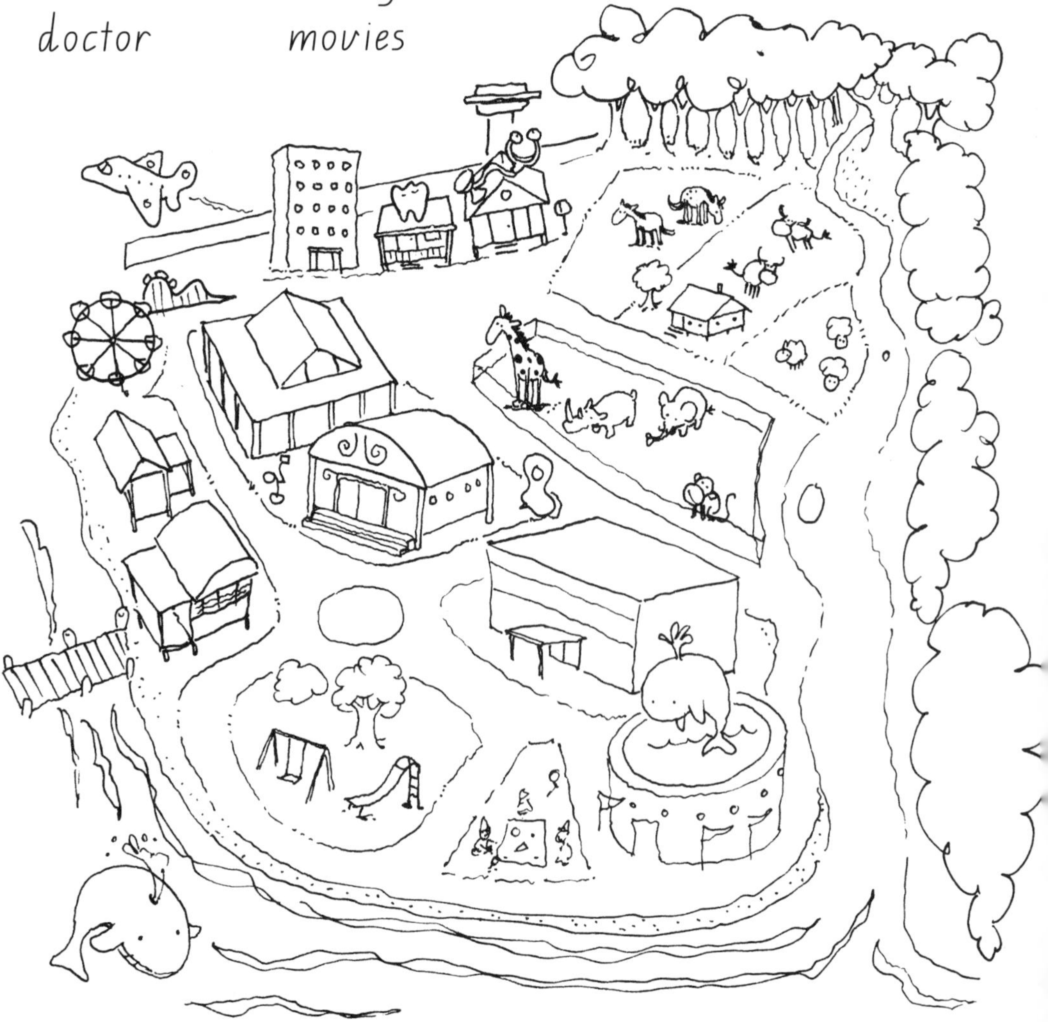

Australia

Darwin
Garramilla
Brisbane
Meanjin
Sydney
Warrang
Adelaide
Tarndanya
Perth
Boorloo
Canberra
Ngambri
Melbourne
Naarm
Hobart
Nipaluna

Australian Flags

Australian national flag

Did you know Australia has three flags?

Australian Aboriginal flag

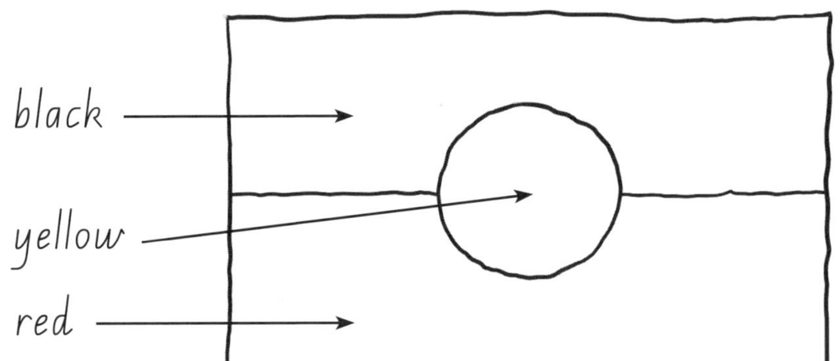

Torres Strait Islander flag